JOURS DE GLOIRE

Page 19, le texte est tiré de Albert Camus, *Le Premier Homme*,

ISBN 978-2-330-14680-1

Jours de gloire

Textes réunis par Sébastien Boudria

ACTES SUD | [PIAS]

À Chloé et Thomas, mes enfants que j'aime.
N'oubliez jamais la chance
que vous avez d'être français.
Soyez fiers de ce beau pays, prenez-en soin
et portez toujours
ses valeurs de liberté, d'égalité et de fraternité.

SOMMAIRE

II. DU GÉNIE !

III. DU COURAGE !

PRÉFACE

Charlie Hebdo, le Bataclan, Nice, le père Hamel, le confinement, Samuel Paty…

Alors qu'hier nous fêtions nos policiers et nos militaires, tous remplis de fierté et de reconnaissance pour leur courage et leur sacrifice, puis que plus tard nous applaudissions à nos fenêtres ces femmes et ces hommes qui soignaient et sauvaient nos vies avec dévouement et abnégation, nous célébrions aujourd'hui nos enseignants. Tous ces héros du quotidien accomplissaient chaque jour leur mission, animés par le sens du devoir et de l'intérêt général.

Les Français réalisèrent la nécessité de prendre le plus grand soin de cette République devenue fragile. En effet, pour que la République puisse continuer de nous protéger, de nous soigner, de nous permettre de tous vivre ensemble, ou encore de donner à nos enfants l'égal accès au savoir et à la culture, il fallait sans cesse rester vigilants et mobilisés.

En ce sens, *Jours de gloire* nous invite à la réflexion, à penser la société dans laquelle nous souhaitons vivre et quel héritage nous désirons léguer à nos enfants. Cette œuvre nous raconte ce qu'ont été les idéaux et les valeurs de la République française, de sa naissance à aujourd'hui : valeurs de liberté, de justice sociale et de fraternité. Elle dépeint les aspirations qui ont guidé nos aînés, et retrace leurs combats pour la sauver et la faire vivre. Elle rend au peuple ce qui lui a été trop souvent confisqué : ce sentiment de fierté, de ce qu'il est, mais aussi de ce qu'il représente.

Il nous appartient à tous de rester fidèles à nos idéaux, de défendre pied à pied nos valeurs les plus fondamentales pour que les prochains *Jours de gloire* que nous écrirons ensemble nous offrent une vie meilleure.

SÉBASTIEN BOUDRIA

À la fin de chaque texte, vous accéderez à la lecture mise en musique et composée par Sébastien Boudria par le biais de QR codes.

I

DE L'AUDACE !

1
LA FRANCE EST UNE RÉPUBLIQUE

Sébastien Boudria

Au début de l'année 2015, le peuple français s'est réuni à Paris, autour de la place de la République, et partout dans les autres villes de France. La France, vieux pays, un genou à terre, venait d'être frappée en son cœur.

Tous ces gens, quels que soient leurs différences, leurs parcours ou leurs origines, se sont réunis pour défendre leur bien commun : les valeurs et les idéaux de la République.

Cette République, si flamboyante et si fragile à la fois, née il y a plus de deux siècles, a déjà dû surmonter bien des épreuves…

Tout commença en 1789. Cet été-là, après des siècles de monarchie, la Révolution gronda en France. Des femmes et des hommes, avec une audace magnifique, s'inventèrent un destin commun. Le 26 août, ils énoncèrent au monde la Déclaration des droits de l'homme et du citoyen.

Après avoir secoué le joug de la tyrannie qui les oppressait depuis toujours, ces femmes et ces hommes prirent les armes pour défendre ce trésor si précieux, et rêvèrent à ces trois mots : Liberté, Égalité, Fraternité.

Grand Corps Malade
Musique : Sébastien Boudria
Guitares : Gaspard Murphy

2
DÉCLARATION DES DROITS DE L'HOMME ET DU CITOYEN

extraits

26 août 1789

Les Représentants du Peuple Français, constitués en Assemblée Nationale, considérant que l'ignorance, l'oubli ou le mépris des droits de l'Homme sont les seules causes des malheurs publics et de la corruption des Gouvernements, ont résolu d'exposer, dans une Déclaration solennelle, les droits naturels, inaliénables et sacrés de l'Homme, afin que cette Déclaration leur rappelle sans cesse leurs droits et leurs devoirs.

Les hommes naissent et demeurent libres et égaux en droits. Les distinctions sociales ne peuvent être fondées que sur l'utilité commune.

Le but de toute association politique est la conservation des droits naturels et imprescriptibles de l'Homme. Ces droits sont la liberté, la propriété, la sûreté, et la résistance à l'oppression.

Le principe de toute Souveraineté réside essentiellement dans la Nation.

La Loi est l'expression de la volonté générale. Elle doit être la même pour tous, soit qu'elle protège, soit qu'elle punisse. Tous les Citoyens étant égaux à ses yeux sont également admissibles à toutes dignités, places et emplois publics, selon leur capacité, et sans autre distinction que celle de leurs vertus et de leurs talents.

Nul homme ne peut être accusé, arrêté ni détenu que dans les cas déterminés par la Loi.

Nul ne doit être inquiété pour ses opinions, même religieuses.

La libre communication des pensées et des opinions est un des droits les plus précieux de l'Homme : tout Citoyen peut donc parler, écrire, imprimer librement, sauf à répondre de l'abus de cette liberté dans les cas déterminés par la Loi.

La garantie des droits de l'Homme et du Citoyen nécessite une force publique : cette force est donc instituée pour l'avantage de tous.

Reda Kateb
Musique : Sébastien Boudria
Orchestration : Igor Troppée

3

DÉCLARATION DES DROITS DE LA FEMME ET DE LA CITOYENNE, POSTAMBULE

extraits

Olympe de Gouges, septembre 1791

Femme, réveille-toi ; le tocsin de la raison se fait entendre dans tout l'univers ; reconnais tes droits. Le puissant empire de la nature n'est plus environné de préjugés, de fanatisme, de superstition et de mensonges. Le flambeau de la vérité a dissipé tous les nuages de la sottise et de l'usurpation. L'homme esclave a multiplié ses forces, a eu besoin de recourir aux tiennes pour briser ses fers. Devenu libre, il est devenu injuste envers sa compagne.

Ô femmes ! Femmes, quand cesserez-vous d'être aveugles ? Quels sont les avantages que vous avez recueillis dans la Révolution ? Un mépris plus marqué, un dédain plus signalé.

Si nos législateurs français s'obstinaient dans leur faiblesse, opposez courageusement la force de la raison aux vaines prétentions de supériorité ; réunissez-vous sous les étendards de la philosophie ; déployez toute l'énergie de votre caractère, et vous verrez bientôt ces orgueilleux fiers de partager avec vous les trésors de l'Être suprême. Quelles que soient les barrières que l'on vous oppose, il est en votre pouvoir de les affranchir ; vous n'avez qu'à le vouloir.

Sophie Marceau
Musique : Sébastien Boudria
Orchestration : Igor Troppée

4

RAPPORT ET PROJET DE DÉCRET RELATIFS À L'ORGANISATION GÉNÉRALE DE L'INSTRUCTION PUBLIQUE, PRÉSENTATION À L'ASSEMBLÉE NATIONALE

extraits

Nicolas de Condorcet, 20 et 21 avril 1792

Les principes de la morale enseignée dans les écoles et dans les instituts seront ceux qui, fondés sur nos sentiments naturels et sur la raison, appartiennent également à tous les hommes. La Constitution, en reconnaissant le droit qu'a chaque individu de choisir son culte, en établissant une entière égalité entre tous les habitants de la France, ne permet point d'admettre, dans l'instruction publique, un enseignement qui, en repoussant les enfants d'une partie des citoyens, détruirait l'égalité des avantages sociaux, et donnerait à des dogmes particuliers un avantage contraire à la liberté des opinions. Il était donc rigoureusement nécessaire de séparer de la morale les principes de toute religion particulière et de n'admettre dans l'instruction publique l'enseignement d'aucun culte religieux. Chacun d'eux doit être enseigné dans les temples par ses propres ministres. Les parents, quelle que soit leur opinion sur telle ou telle religion, pourront alors sans répugnance envoyer leurs enfants dans les établissements nationaux : et la puissance publique n'aura point usurpé sur les droits de la conscience, sous prétexte de l'éclairer ou de la conduire.

François Berléand,
avec la participation de Benoît Allemane
Musique : Sébastien Boudria

5

LA MARSEILLAISE

Claude Joseph Rouget de Lisle,
25 et 26 avril 1792

Allons enfants de la Patrie
Le jour de gloire est arrivé !
Contre nous de la tyrannie
L'étendard sanglant est levé
Entendez-vous dans les campagnes
Mugir ces féroces soldats ?
Ils viennent jusque dans vos bras
Égorger vos fils, vos compagnes !

Que veut cette horde d'esclaves
De traîtres, de rois conjurés ?
Pour qui ces ignobles entraves
Ces fers dès longtemps préparés ?
Français, pour nous, ah ! quel outrage !
Quels transports il doit exciter ?
C'est nous qu'on ose méditer
De rendre à l'antique esclavage !

Aux armes citoyens, aux armes !
Aux armes citoyens, aux armes !

Quoi ! Des cohortes étrangères
Feraient la loi dans nos foyers !
Quoi ! Ces phalanges mercenaires
Terrasseraient nos fiers guerriers !
Grand Dieu ! Par des mains enchaînées
Nos fronts sous le joug se ploieraient
De vils despotes deviendraient
Les maîtres de nos destinées !

Tremblez, tyrans et vous, perfides
L'opprobre de tous les partis
Tremblez ! Vos projets parricides
Vont enfin recevoir leurs prix !
Tout est soldat pour vous combattre
S'ils tombent, nos jeunes héros
La terre en produit de nouveaux,
Contre vous tous prêts à se battre !

Aux armes citoyens, aux armes !
Aux armes citoyens, aux armes !

Nous entrerons dans la carrière
Quand nos aînés n'y seront plus
Nous y trouverons leur poussière
Et la trace de leurs vertus
Bien moins jaloux de leur survivre

Que de partager leur cercueil
Nous aurons le sublime orgueil
De les venger ou de les suivre !

Amour sacré de la Patrie
Conduis, soutiens nos bras vengeurs
Liberté, Liberté chérie
Combats avec tes défenseurs !
Sous nos drapeaux, que la victoire
Accoure à tes mâles accents
Que tes ennemis expirants
Voient ton triomphe et notre gloire !

Aux armes citoyens, aux armes !
Aux armes citoyens, aux armes !

Abd Al Malik
Musique et piano : Sébastien Boudria

II

DU GÉNIE !

6

LA FRANCE EST UNE RÉPUBLIQUE SOCIALE

Sébastien Boudria

La Révolution s'éteignit peu à peu et céda sa place au Directoire, au Consulat, à l'Empire, puis au retour de la monarchie. Cependant, l'empreinte laissée par les hommes de 1789 était telle que leurs idées continuèrent à vivre dans l'esprit de chacun.

En 1848, le vent de la révolution souffla à nouveau sur la France. L'esclavage fut définitivement aboli ; la condition humaine et la volonté de justice sociale étaient au cœur des aspirations. Cet élan formidable fit naître un nouvel espoir, celui d'une République fraternelle et universelle.

Grand Corps Malade

7

LETTRE À CHARLES PONCY

extraits

George Sand, 8 mars 1848

À Monsieur Charles Poncy, à Toulon.
Nohant, le 8 mars 1848

Vive la République ! Quel rêve, quel enthousiasme, et en même temps, quelle tenue, quel ordre à Paris ! J'en arrive, j'y ai couru. J'ai vu s'ouvrir les dernières barricades sous mes pieds. J'ai vu le peuple, le peuple français, grand, sublime, naïf, généreux, le peuple français réuni au cœur de la France, au cœur du monde ; le plus admirable peuple de l'univers ! J'ai passé des nuits sans dormir, bien des jours sans m'asseoir. On est fou, on est ivre, on est heureux de s'être endormi dans la fange et de se réveiller dans les cieux.

La République est conquise, elle est assurée, nous y péririons tous plutôt que de la lâcher. Le gouvernement est composé d'hommes excellents pour la plupart, ils veulent le bien, ils le cherchent, ils l'essayent. Ils sont dominés sincèrement par un principe supérieur à la capacité individuelle de chacun, la volonté de tous, le droit du peuple.

D'un bout de la France à l'autre, il faut que chacun aide la République et la sauve de ses ennemis. Le désir, le vœu fervent des membres du gouvernement provisoire est qu'on envoie à l'Assemblée nationale des hommes qui représentent le peuple et dont plusieurs, le plus possible, sortent de son sein. Il faut que chacun donne tout son temps, tout son cœur, toute son intelligence, toute sa vertu à la République. Les poètes peuvent être, comme Lamartine, de grands citoyens. Les ouvriers ont à nous dire leurs besoins, leurs inspirations.

Je repars pour Paris dans quelques jours probablement, pour faire soit un journal, soit autre chose. Je choisirai le meilleur instrument possible pour accompagner ma chanson. J'espère que nous nous retrouverons tous à Paris, pleins de vie et d'action, prêts à mourir sur les barricades si la République succombe. Mais non ! La République vivra : son temps est venu. C'est à vous, hommes du peuple, à la défendre jusqu'au dernier soupir.

Muriel Robin
Musique : Sébastien Boudria
Arrangements : Romain Trouillet

8

DISCOURS LORS DU DÉBAT SUR LE DROIT AU TRAVAIL À L'ASSEMBLÉE NATIONALE CONSTITUANTE

extraits

Alexandre Ledru-Rollin,
11 septembre 1848

Le droit au travail ! Mais il était la pensée favorite, le mobile constant des hommes d'État de la Convention. Le droit au travail ! Ils l'ont inscrit dans le rapport d'un de leurs membres les plus éminents, dans le rapport de Robespierre. En doutez-vous ? En voici les termes :

"Les secours publics sont une dette sacrée. La société doit la subsistance aux citoyens malheureux, soit en leur procurant du travail, soit en assurant les moyens d'existence à ceux qui sont hors d'état de travailler." Dans cet article, que trouvez-vous ? Deux choses : le droit au travail pour les valides et le droit à l'assistance pour les infirmes, pour ceux qui ne peuvent pas travailler. Or, ce double droit n'est pas consacré dans le projet actuel de votre Constitution modifiée. Vous déclarez que vous ne donnez pas le droit au travail, vous dites simplement que vous donnez le droit à l'assistance, et ce sont deux choses entièrement différentes.

Quand un homme travaille, il s'anoblit ; vous sentez que, malgré le salaire que vous lui donnez et malgré son infériorité dans l'échelle de l'éducation, il est homme comme vous. Mais quant à celui qui tend la main pour recevoir l'aumône… Oh ! J'en suis convaincu, vous la lui donnez ! Mais vous ne pensez pas, au fond de l'âme, qu'il est votre égal. Non, vous ne pouvez pas le penser. Oh oui ! Sans doute chrétiennement, philosophiquement, vous reconnaissez qu'il est votre frère ; mais comme homme, comme citoyen, que pouvez-vous dire, quand il s'en va au coin d'une rue, furtivement, pour échapper à la loi qui le frappe, quand il attend le soir, quand il baisse la tête, quand il cache ses yeux, quand il ne veut pas que ses traits soient reconnus pour fuir la peine ? Voyons ! C'est là un membre du peuple souverain ! Je me résume : On a dit, le droit au travail, c'est le socialisme. Je réponds : Non, le droit au travail, c'est la République appliquée !

Denis Podalydès de la Comédie-Française
Musique : Sébastien Boudria

9

DISCOURS POUR L'ABOLITION DE L'ESCLAVAGE

extraits

Victor Schœlcher, 5 mars 1848

Mes chers amis, trop longtemps nous nous sommes désunis sur les questions essentielles.

Nous devons nous unir pour combattre cette bête immonde qu'est l'esclavage. Oui toujours l'union, car si vous vous unissez, si vous savez vous relier par les liens de cette immortelle et sublime devise que jusqu'ici la République n'a inscrite encore que sur des drapeaux, mais que nous voudrions voir graver en lettres indestructibles dans tous les cœurs : Liberté, Égalité, Fraternité, alors le salut du peuple sera certain.

Oui, mes amis, l'humanité marche évidemment vers la paix, non vers la guerre ; vers la fraternité, non vers la colère et la haine.

Ayons une confiance inébranlable dans la victoire de la raison et de la justice, que l'intelligence de tous se développe par la liberté, la liberté de la presse, la liberté de la tribune, la liberté de l'éducation, et ne soyons pas en peine du reste.

Mes amis, poussez un cri qui nous touchera plus encore que ces cris de sympathie dont mon cœur est ébranlé.

Je ne dirai pas "Vive la République" entourée d'institutions monarchiques, mais "Vive la République" qui aboutira à l'affranchissement du peuple.

Vive la République que nos pères ont entrevue quand ils ont dit "Liberté, Égalité, Fraternité".

Au nom des libertés, au nom de la dignité humaine, au nom des droits de l'homme, nulle terre française ne devra plus jamais porter d'esclaves.

Akhenaton
Musique : Sébastien Boudria
Chant et chœur : Daniel Njo Lobé
Guitares : Marc-Antoine Perrio

10
DISCOURS CONTRE LA MISÈRE DEVANT L'ASSEMBLÉE NATIONALE

extraits

Victor Hugo, 9 juillet 1849

Je ne suis pas, Messieurs, de ceux qui croient qu'on peut supprimer la souffrance en ce monde, la souffrance est une loi divine, mais je suis de ceux qui pensent et qui affirment qu'on peut détruire la misère. Remarquez-le bien, Messieurs, je ne dis pas diminuer, amoindrir, limiter, circonscrire, je dis détruire. La misère est une maladie du corps social comme la lèpre était une maladie du corps humain ; la misère peut disparaître comme la lèpre a disparu. Détruire la misère ! Oui, cela est possible ! Les législateurs et les gouvernants doivent y songer sans cesse ; car, en pareille matière, tant que le possible n'est pas le fait, le devoir n'est pas rempli.

La misère, Messieurs, j'aborde ici le vif de la question, voulez-vous savoir où elle en est, la misère ? Voulez-vous savoir jusqu'où elle peut aller, jusqu'où elle va, je ne dis pas en Irlande, je ne dis pas au Moyen Âge, je dis en France, je dis à Paris, et au temps où nous vivons ? Voulez-vous des faits ? Mon Dieu, je n'hésite pas à les citer, ces faits. Ils sont tristes, mais nécessaires à révéler ; et tenez, s'il faut dire toute ma pensée, je voudrais qu'il sortit de cette assemblée, et au besoin j'en ferai la proposition formelle, une grande et solennelle enquête sur la situation vraie des classes laborieuses et souffrantes en France. Je voudrais que tous les faits éclatassent au grand jour. Comment veut-on guérir le mal si l'on ne sonde pas les plaies ? Voici donc ces faits :

Il y a dans Paris, dans ces faubourgs de Paris que le vent de l'émeute soulevait naguère si aisément, il y a des rues, des maisons, des cloaques, où des familles, des familles entières, vivent pêle-mêle, hommes, femmes, jeunes filles, enfants, n'ayant pour lits, n'ayant pour couvertures, j'ai presque dit pour vêtements, que des monceaux infects de chiffons en fermentation, ramassés dans la fange du coin des bornes, espèce de fumier des villes, où des créatures humaines s'enfouissent toutes vivantes pour échapper au froid de l'hiver.

Voilà un fait. En voici d'autres : Ces jours derniers, un homme, mon Dieu, un malheureux homme de lettres, car la misère n'épargne pas plus les professions libérales que les professions manuelles, un malheureux homme est mort de faim, mort de faim à la lettre, et l'on a constaté après sa mort qu'il n'avait pas mangé depuis six jours. Voulez-vous quelque chose de plus douloureux encore ? Le mois passé, pendant la recrudescence du choléra, on a trouvé une mère et ses quatre enfants qui cherchaient leur nourriture dans les débris immondes et pestilentiels des charniers de Montfaucon !

Eh bien, Messieurs, je dis que ce sont là des choses qui ne doivent pas être ; je dis que la société doit dépenser toute sa force, toute sa sollicitude, toute son intelligence, toute sa volonté, pour que de telles choses ne soient pas ! Je dis que de tels faits, dans un pays civilisé, engagent la conscience de la société tout entière ; que je m'en sens, moi qui parle, complice et solidaire, et que de tels faits ne sont pas seulement des torts envers l'homme, que ce sont des crimes envers Dieu !

Voilà pourquoi je suis pénétré, voilà pourquoi je voudrais pénétrer tous ceux qui m'écoutent de la haute importance de la proposition qui vous est soumise. Ce n'est qu'un premier pas, mais il est décisif.

Je voudrais que cette Assemblée, majorité et minorité, n'importe, je ne connais pas, moi de majorité et de minorité en de telles questions ; je voudrais que cette Assemblée n'eût qu'une seule âme pour marcher à ce grand but, à ce but magnifique, à ce but sublime, l'abolition de la misère !

Messieurs, comme je vous le disais tout à l'heure, vous venez avec le concours de la Garde nationale, de l'armée et de toutes les forces vives du pays, vous venez de raffermir l'État ébranlé encore une fois. Vous n'avez reculé devant aucun péril, vous n'avez hésité devant aucun devoir. Vous avez sauvé la société régulière, le gouvernement légal, les institutions, la paix publique, la civilisation même. Vous avez fait une chose considérable… Eh bien ! Vous n'avez rien fait !

Vous n'avez rien fait, tant que ceux qui sont dans la force de l'âge et qui travaillent peuvent être sans pain ! Tant que ceux qui sont vieux et ont travaillé peuvent être sans asile ! Tant que l'usure dévore nos campagnes, tant qu'on meurt de faim dans nos villes, tant qu'il n'y a pas des lois fraternelles, des lois évangéliques qui viennent de toutes parts en aide aux pauvres familles honnêtes, aux bons paysans, aux bons ouvriers, aux gens de cœur ! Vous n'avez rien fait, tant que l'esprit de révolution a pour auxiliaire la souffrance publique ! Vous n'avez rien fait, rien fait, tant que dans cette œuvre de destruction et de ténèbres, qui se continue souterrainement, l'homme méchant a pour collaborateur fatal l'homme malheureux !

Michel Aumont
Musique : Sébastien Boudria
Orchestration : Gilles Alonzo

11

LA FRANCE EST UNE RÉPUBLIQUE LAÏQUE

Sébastien Boudria

D'une République à l'autre, les hommes et les femmes continuèrent à construire leur destin et à faire entendre leur voix. Si l'école devint obligatoire et gratuite pour tous, et si l'éducation se trouva au centre des préoccupations, bien d'autres combats restaient encore à mener : celui de la justice, celui de la laïcité, celui de la démocratie, et donc celui, fondamental, de la reconnaissance du droit des femmes.

Grand Corps Malade

12

DISCOURS AU CONGRÈS OUVRIER SOCIALISTE DE MARSEILLE

extraits

Hubertine Auclert, 22 octobre 1879

Citoyens, je le constate avec tristesse, vous qui vous dites les forts, vous qui faites un jeu de l'existence de celles que vous appelez les faibles. Que vous soyez riches, que vous soyez pauvres, vous exploitez les femmes. Aussi, économiquement, civilement, politiquement, nous n'existons pas. Et c'est nous qui donnons la vie, et c'est nous seules qui permettons à la civilisation de s'implanter.

Nous proclamons, comme vous, citoyens, le principe de l'égalité humaine, nous entendons, par là, non seulement l'égalité de tous les hommes entre eux, mais encore l'égalité des hommes et des femmes.

Nous voulons pour elles comme pour vous, l'instruction intégrale, les mêmes facilités de développement physique, moral, intellectuel, professionnel.

Nous voulons pour les femmes, comme pour les hommes, liberté de conscience, liberté d'opinion, liberté d'action.

Nous réclamons pour les femmes, comme pour les hommes, voix délibérative dans la commune, dans l'État, ou dans le groupe. Parce que les femmes, comme les hommes, sont intéressées aux lois et règlements qui se font ; parce que les femmes payant les impôts ont autant de droits que les hommes d'exiger une bonne répartition de ces impôts ; parce que dans une vraie République, il n'y a plus de privilégiés, il n'y a que des intéressés qui, se soumettant aux mêmes devoirs, doivent posséder les mêmes droits.

Il y va de votre intérêt, électeurs, exigez des réformes sociales et, parmi elles, une des premières : la reconnaissance de notre égalité sociale et politique.

Nous vous adressons à vous, prolétaires, comme à nos compagnons d'infortune, pour appuyer notre droit à sortir de la servitude.

Vous êtes électeurs, vous avez la puissance du nombre, tous vous êtes femmes par le cœur, vous êtes nos frères. Aidez-nous à nous affranchir.

Camélia Jordana
Musique : Sébastien Boudria
Guitares : Gaspard Murphy
et Marc-Antoine Perrio
Basse : Blaise Chevallier
Batterie : François Malandrin

13

LETTRE AUX INSTITUTEURS ET INSTITUTRICES, PUBLIÉE DANS *LA DÉPÊCHE*

extraits

Jean Jaurès, 15 janvier 1888

Vous tenez en vos mains l'intelligence et l'âme des enfants ; vous êtes responsables de la patrie. Les enfants qui vous sont confiés sont français et doivent connaître la France, sa géographie et son histoire : son corps et son âme.

Ils seront citoyens et ils doivent savoir ce qu'est une démocratie libre, quels droits leur confère, quels devoirs leur impose la souveraineté de la nation.

Enfin, ils seront hommes et il faut qu'ils aient une idée de l'homme, il faut qu'ils sachent quel est le principe de notre grandeur : la fierté unie à la tendresse.

Il faut qu'ils puissent se représenter à grands traits l'espèce humaine et qu'ils démêlent les éléments principaux de cette Œuvre extraordinaire qui s'appelle la civilisation.

Il faut leur montrer la grandeur de la pensée ; il faut leur enseigner le respect et le culte de l'âme en éveillant en eux le sentiment de l'infini qui est notre joie, et aussi notre force.

Il faut que le maître lui-même soit tout pénétré de ce qu'il enseigne. Il faut qu'il se soit émerveillé tout bas de l'esprit humain ; alors, et alors seulement, lorsque, par la lecture solitaire et la méditation, il sera tout plein d'une grande idée et tout éclairé intérieurement, il communiquera sans peine aux enfants la lumière et l'émotion de son esprit.

Ah, vous serez plus que payés de votre peine, car vous sentirez la vie de l'intelligence s'éveiller autour de vous.

Les enfants ont une curiosité illimitée, et vous pouvez tout doucement les mener au bout du monde. Lorsque vous leur aurez parlé des grandes choses qui intéressent la pensée et la conscience humaine, vous aurez fait sans peine en quelques années Œuvre complète d'éducateurs. Dans chaque intelligence, il y aura un sommet, et, ce jour-là, bien des choses changeront.

Oxmo Puccino
Musique et piano : Sébastien Boudria

III

DU COURAGE !

14

LA FRANCE EST UNE RÉPUBLIQUE INDIVISIBLE

Sébastien Boudria

Au début du XXe siècle, moins de dix ans après que la loi de 1905 sur la séparation de l'Église et de l'État fut votée, le ciel républicain s'assombrit. La France entrait dans une guerre qui deviendrait bientôt mondiale. Rien, pas même les cris pacifistes d'un Jaurès qui sera assassiné, ne put empêcher cette folie. La République allait sacrifier ses propres enfants sur l'autel de la patrie. 14-18 fut un traumatisme, une boucherie indescriptible.

Vingt ans plus tard, après une brève parenthèse, la France devait à nouveau faire face au pire. Après que son armée eut été défaite, la République vacilla. Pendant quatre longues années, ses valeurs et ses idéaux furent piétinés par l'occupant allemand.

Elle ne fut finalement sauvée et rétablie que grâce au courage et à la détermination de femmes et d'hommes qui, refusant de se soumettre et de se résigner, prirent les armes pour défendre leur liberté.

Grand Corps Malade
Musique : Sébastien Boudria

15

ARTICLE PARU
DANS *L'HOMME LIBRE*

extraits

Georges Clémenceau, 24 mai 1913

Un jour, au plus beau du moment où fleurit l'espérance, tu quitteras tes parents, ta femme, tes enfants, tout ce que tu chéris, tout ce qui tient ton cœur et l'enserre, et tu t'en iras, chantant comme hier, mais une tout autre chanson, avec des frères – avec des vrais frères, ceux-là – au-devant de la mort affreuse qui fauchera des vies humaines en un effroyable ouragan. Et voilà qu'à ce moment suprême tu reverras dans un éclair tout ce qui peut ressembler à ce mot si doux : le pays, et ta cause te paraîtra si belle, tu seras si fier de tout donner pour elle que, blessé ou frappé à mort, tu tomberas content.

Michel Bouquet
Musique et piano : Sébastien Boudria

16

À TOUS LES FRANÇAIS

Charles de Gaulle, 3 août 1940

À TOUS LES FRANÇAIS

La France a perdu une bataille !
Mais la France n'a pas perdu la guerre !

Des gouvernants de rencontre ont pu capituler, cédant à la panique, oubliant l'honneur, livrant le pays à la servitude. Cependant, rien n'est perdu !

Rien n'est perdu, parce que cette guerre est une guerre mondiale. Dans l'univers libre, des forces immenses n'ont pas encore donné. Un jour ces forces écraseront l'ennemi.

Il faut que la France, ce jour-là, soit présente à la victoire. Alors, elle retrouvera sa liberté et sa grandeur.

Tel est mon but, mon seul but !

Voilà pourquoi je convie tous les Français, où qu'ils se trouvent, à s'unir à moi dans l'action, dans le sacrifice et dans l'espérance.

Notre patrie est en péril de mort.

Luttons tous pour la sauver !

VIVE LA FRANCE !

Karin Viard
Musique : Sébastien Boudria
Orchestration : Igor Troppée

17

LA FRANCE EST UNE RÉPUBLIQUE DÉMOCRATIQUE

Sébastien Boudria

Après avoir sauvé la République, le général de Gaulle fit voter des réformes fondamentales telles que le droit de vote des femmes ou l'institution de la Sécurité sociale. De Gaulle, en désaccord avec la nouvelle Constitution de la IVe République, démissionna en 1946. Il ne reviendra au pouvoir que douze ans plus tard, pour devenir le premier président de la Ve République.

Tout au long de cette nouvelle période, de grandes voix continueront à porter. On entendra résonner dans l'hémicycle celle inspirée d'André Malraux, celle de Simone Veil pour défendre avec courage et dignité la loi sur l'avortement ; celle, vibrante, de Robert Badinter faire voter l'abolition de la peine de mort, ou bien encore celle de Dominique de Villepin, délivrer sur le devant de la scène internationale le message de paix de la France.

Tous ces jours glorieux honoreront à jamais la République française.

Grand Corps Malade
Musique : Igor Troppée

18
EXPOSÉ DES MOTIFS DE L'ORDONNANCE POUR LA SÉCURITÉ SOCIALE

extraits

4 octobre 1945

Tous les pays du monde, dans l'élan de fraternité et de rapprochement des classes qui marque la fin de la guerre, s'efforcent d'instituer au profit des travailleurs et même parfois de l'ensemble de la population un système de sécurité sociale. La France doit, elle aussi, élaborer un tel système.

La Sécurité sociale est la garantie donnée à chacun qu'en toutes circonstances il disposera des moyens nécessaires pour assurer sa subsistance et celle de sa famille dans des conditions décentes. Trouvant sa justification dans un souci élémentaire de justice sociale, elle répond à la préoccupation de débarrasser les travailleurs de l'incertitude du lendemain.

La réalisation d'un tel but est subordonnée à un ensemble de mesures qui engagent toute la politique économique et sociale du pays. Mais il demeure des circonstances dans lesquelles un travailleur se trouve privé de ses moyens d'existence, ou tout au moins dans lesquelles ses ressources sont insuffisantes pour pourvoir aux besoins de sa famille. Il en va ainsi, d'une part, lorsque le travailleur se trouve obligé d'interrompre son activité par suite notamment de maladie, de maternité, de vieillesse ou d'accident, d'autre part, lorsqu'il supporte des charges de famille particulières.

La Sécurité sociale appelle l'aménagement d'une vaste organisation nationale d'entraide obligatoire [...]. Le but final à atteindre est la réalisation d'un plan qui couvre l'ensemble de la population du pays contre l'ensemble des facteurs d'insécurité ; un tel résultat ne s'obtiendra qu'au prix de longues années d'efforts persévérants.

François Morel
Musique : Sébastien Boudria
Guitares : Gaspard Murphy et Marc-Antoine Perrio
Basse : Blaise Chevallier
Batterie : François Malandrin

19
LETTRE À MONSIEUR GERMAIN
Albert Camus, 19 novembre 1957

Cher Monsieur Germain,

J'ai laissé s'éteindre un peu le bruit qui m'a entouré tous ces jours-ci avant de venir vous parler de tout mon cœur. On vient de me faire un bien trop grand honneur, que je n'ai ni recherché ni sollicité. Mais quand j'en ai appris la nouvelle, ma première pensée, après ma mère, a été pour vous. Sans vous, sans cette main affectueuse que vous avez tendue au petit enfant pauvre que j'étais, sans votre enseignement, et votre exemple, rien de tout cela ne serait arrivé. Je ne me fais pas un monde de cette sorte d'honneur.

Mais celui-là est du moins une occasion pour vous dire ce que vous avez été, et êtes toujours pour moi, et pour vous assurer que vos efforts, votre travail et le cœur généreux que vous y mettiez sont toujours vivants chez un de vos petits écoliers qui, malgré l'âge, n'a pas cessé d'être votre reconnaissant élève. Je vous embrasse de toutes mes forces.

Affectueusement,
Albert Camus

-M-
Musique : Jean-Baptiste Lully
Piano : Sébastien Boudria

20
DISCOURS PRONONCÉ AU BANQUET DE CLÔTURE DU XIXᵉ CONGRÈS NATIONAL DE LA LICA

extraits

Joséphine Baker, 12 mai 1957

Mesdames et Messieurs,

Quand je suis arrivée à Paris, je me suis trouvée devant des gens comme vous. J'étais alors heureuse de sentir tout de même dans la rue, que je pouvais demander un taxi sans avoir la crainte qu'il refuse de me prendre. J'étais aussi heureuse de penser que si j'avais faim, je pouvais m'arrêter dans n'importe quel restaurant.

Quand j'ai été malade, j'ai été si heureuse de penser qu'un médecin blanc et aussi une infirmière blanche n'avaient pas honte de me toucher. Ils ont lutté pour ma vie, ici, en France ; je vous suis reconnaissante. Vous m'avez sauvée. Ici, je savais que je serais sauvée, que je pourrais vivre pour une cause, et cette cause, c'est la fraternité humaine.

Je suis venue. Personne ne me disait : “noire”. Personne ne me disait : “négresse”, mot qui me blessait terriblement. Et, tout à coup, petit à petit, toutes ces craintes sont parties. Je suis devenue femme avec confiance dans la vie, femme qui était élevée par la France à laquelle je donne ma gratitude. J'ai été portée aux nues, je peux le dire.

On disait : “Joséphine Baker est une française.” J'étais si fière que souvent je n'osais pas parler à cette époque-là parce que j'avais peur qu'avec mon accent, on se rende compte que je n'étais pas vraiment née en France.

C'était si merveilleux, mesdames et messieurs, j'aurais voulu m'associer à la France. Cette France qui m'a donné tout, cette France qui m'a donné la joie de vivre, le droit de vivre, le droit d'être comme tout le monde, d'être une femme avec toute la fierté d'une femme, la dignité même d'une femme.

J'ai retrouvé toute cette dignité que j'avais perdue. Grâce à vous, j'ai pu aller donner mon message à mes frères de couleur en disant : “Soyez confiants, ne vous découragez pas, soyez sûrs qu'un jour le soleil brillera pour vous aussi !”

Ce soir, ici, on s'aime, avec tous nos défauts et nos qualités. C'est pour cela aussi qu'il faut pardonner, être tolérant.

Je voudrais que tous nos frères de couleur sachent que toutes les personnes claires, vous, ne sont pas cruelles, ne sont pas exploiteurs, que vous les aimez. Il y a un malentendu. Ce malentendu a duré très longtemps, on le sait, mais il n'est jamais trop tard pour faire du bien. Il faut qu'on s'unisse, il faut que nous soyons frères et sœurs, parce que, demain, ce serait trop tard.

Tout le monde regarde vers la France, cette France, mesdames et messieurs, qui a déjà donné tant de fois l'exemple de la fraternité et qui peut encore le faire. Mais je vous en supplie, ne laissez pas penser aux gens de couleur qu'ils ont eu tort de croire d'avoir confiance en vous.

Jane Birkin
Musique : Sébastien Boudria
Arrangements, harmonica et voix : Romain Trouillet
Violon : Raphaël Maillet

21

DISCOURS PRONONCÉ AU PALAIS DE L'ÉLYSÉE SUITE AUX ATTENTATS CONTRE *CHARLIE HEBDO*

extraits

François Hollande, 7 janvier 2015

Mes chers compatriotes,

Aujourd'hui, la France a été attaquée en son cœur, à Paris, dans les locaux mêmes d'un journal. Cette fusillade d'une violence extrême a tué douze personnes et en a blessé plusieurs. Des dessinateurs de grand talent, des chroniqueurs courageux sont morts. Ils avaient marqué par leur influence, par leur insolence, par leur indépendance des générations et des générations de Français. Je veux ici leur dire que ce message de la liberté, nous continuerons à le défendre en leur nom.

Aujourd'hui, c'est la République tout entière qui a été agressée. La République, c'est la liberté d'expression. La République, c'est la culture, c'est la création, c'est le pluralisme, c'est la démocratie. C'est cela qui était visé par les assassins. C'est l'idéal de justice et de paix que la France porte partout sur la scène internationale.

La France a reçu des messages de solidarité et de fraternité du monde entier et nous devons en prendre toute la mesure.

Nous devons être conscients que notre meilleure arme, c'est notre unité. Rien ne peut nous diviser, rien ne doit nous opposer, rien ne doit nous séparer.

La France est grande quand elle est capable dans une épreuve de se mettre au meilleur niveau, c'est-à-dire à son niveau, le niveau qui a toujours fait que la France a pu surmonter des épreuves. La liberté sera toujours plus forte que la barbarie. La France a toujours vaincu ses ennemis quand elle a su justement faire bloc autour de ses valeurs. C'est ce que je vous invite à faire. Le rassemblement, le rassemblement de tous, sous toutes ses formes, voilà ce qui doit être notre réponse.

Rassemblons-nous face à cette épreuve. Nous gagnerons car nous avons toutes les capacités de croire en notre destin et rien ne pourra nous faire fléchir de la détermination qui est la nôtre.

Vive la République et vive la France !

Sabrina Ouazani
Musique : Sébastien Boudria
Basse : Gaspard Murphy

22

LIBERTÉ, LIBERTÉ CHÉRIE

Sébastien Boudria

Tant que vos voix s'élèveront, tant que vos talents et vos énergies s'exprimeront, tant que vous continuerez à vivre en femmes et en hommes libres, la République vivra.

Parce qu'elle est fragile, et parce que tant de choses sont encore à imaginer et à bâtir ensemble, il nous appartient à tous de prendre le plus grand soin de notre République, de notre bien commun.

La France, pays des droits de l'homme, est grande parce qu'elle est généreuse.

Liberté, Égalité, Fraternité… Ces trois mots-là ont fait le tour du monde. Continuons de les porter et de les chérir. Continuons de défendre les valeurs humanistes, les valeurs de justice et de tolérance qui sont notre trésor le plus précieux.

Louis Chedid
Musique, piano et chœur : Sébastien Boudria
Chant : Chloé Boudria
Guitares : Gaspard Murphy

23

DERNIER DISCOURS DEVANT LE TRIBUNAL RÉVOLUTIONNAIRE

extraits

Georges Jacques Danton,
avril 1794

Il n'y aurait pas eu de Révolution. Sans moi.

Il n'y aurait pas eu de République. Sans moi.

Non, vous ne me traînerez pas vers la mort, je suis vivant !

À jamais !

Le monde nous regardera et se demandera quel genre d'hommes nous étions.

Ne laissons pas dire que nous n'étions pas meilleurs que ceux que nous avons chassés.

Nous sommes tous condamnés à mourir.

Je connais cette Cour, c'est moi qui l'ai créée, et j'en demande pardon à Dieu et aux hommes.

À l'origine, elle devait être, non pas le fléau de l'humanité, mais un rempart, une dernière instance contre le déchaînement des fureurs de la brutalité et de la peur.

Au lieu de cela, c'est devenu l'assassinat des consciences.

Et ceux qui plus tard nous jugeront, verront bien que moi, Danton, je n'ai pas voulu cela.

Si je parle aujourd'hui, c'est pour défendre ce que nous avons réalisé, c'est pour tout ce que nous avons atteint, et non pour sauver ma vie.

Nous avons brisé la tyrannie des privilèges, nous avons tué le ver dans le fruit en abolissant ces pouvoirs auxquels n'avait droit aucun homme.

Nous avons mis fin au monopole de la naissance et de la fortune, et cela dans tous ces grands offices de l'État : dans nos églises, dans nos armées, dans ce vaste complexe d'artères et de veines qui fait vivre ce corps magnifique de la France.

Nous avons déclaré que l'homme le plus humble de ce pays est désormais l'égal des plus grands.

Et cette liberté acquise pour nous-mêmes, nous l'avons offerte aux esclaves, et nous confions au monde la mission de bâtir l'avenir sur l'espoir que nous avons fait naître.

Ceci, c'est plus qu'une victoire dans une bataille, plus que les épées et les canons et tous les escadrons de cavalerie de l'Europe, et cette inspiration, ce souffle pour tous les hommes, partout, en tout lieu, cet appétit, cette soif, jamais on ne pourra l'étouffer.

Nos vies n'auront pas été vécues en vain.

Jacques Frantz
Musique : Sébastien Boudria

REMERCIEMENTS

À ma femme Audrey. Merci ma chérie d'être présente chaque jour à mes côtés et de tant me soutenir. Merci d'avoir toujours cru en moi. Merci pour ta douceur, ta patience et ta bienveillance.

À Chloé Hollings. Tu as été la toute première personne à qui j'ai parlé de ce projet. Merci de ta confiance, et de m'avoir convaincu que tout était possible lorsqu'on en avait profondément envie.

À Caroline Marchand. Merci pour ton aide si précieuse. Tu n'as ménagé ni tes efforts ni ton temps… Merci infiniment !

À Hélène Texier. Merci de m'avoir accompagné, de m'avoir conseillé et de m'avoir guidé tout au long de ce projet.

À Romain Trouillet et Igor Troppée, pour votre talent et votre gentillesse. Vous êtes tous les deux de formidables musiciens, et ça a été un plaisir de travailler avec vous sur ces quelques pièces. Très à l'écoute et toujours disponibles, vous avez parfaitement su traduire ma pensée musicale. Je me réjouis à l'idée de travailler à nouveau avec vous !

À Frédéric Vectol, pour ton professionnalisme et ta gentillesse. Outre le fait que tes oreilles fonctionnent particulièrement bien, tu as été bienveillant et rassurant avec moi, j'y ai été sensible.

À Gilles Alonzo. Merci de ne pas m'avoir pris pour un fou lorsque je suis venu te présenter mon projet la toute première fois ! Tes analyses musicales ont toujours été très pertinentes, et j'ai appris beaucoup avec toi. Je garderai un excellent souvenir de nos séances de travail.

À Gaspard Murphy, pour ta gentillesse, ton talent et ton aide précieuse.

Un très grand merci à toute l'équipe de Pias : Laurent Didailler, Julie Lévêque, Antoine Gaillet, Antoine Jaussaud, Margot Charrie, Rabih Daher, Mathieu Pinaud, Valérie Talagas, Leticia Juanco,

Marine Batal, Nicolas Fortemps, Louis Coulot, Gabriel de la Héronnière et tous les autres. Merci pour votre accueil, votre gentillesse et votre professionnalisme. Merci encore de m'avoir fait confiance et de m'avoir donné ma chance. Cela a été un immense bonheur de travailler avec vous tous !

À ma mère, Josette. Merci maman pour ton soutien. Merci de m'avoir élevé, seule, dans ce pays que j'aime tant. J'ai adoré mon enfance à Montreuil, où l'école de la République m'a appris que même en venant de quartiers populaires, on pouvait aller jusqu'au bout de ses rêves.

À ma sœur, Caroline. Merci Caro de croire en moi. Je suis heureux d'être ton petit frère.

À ma belle-mère Gabrielle. Merci pour votre bienveillance, merci d'avoir cru en moi et de m'avoir tant soutenu.

À Olivier de Bannes, pour m'avoir épaulé tout au long de ce travail. Tu as été présent à chaque étape, toujours fidèle et disponible.

À Gilles Médioni. Un immense merci, cher Gilles, pour ta gentillesse et pour ton soutien. Je suis honoré que quelqu'un d'aussi compétent et passionné que toi ait tout de suite cru en *Jours de gloire*.

À Geoffrey Robert, pour votre écoute active !

À Pierre Marcovits, pour m'avoir aidé à faire les bons choix. J'ai été ravi d'échanger avec une personne aussi cultivée que vous.

À Martin Lemery, pour ton accompagnement et tes bons conseils. Grâce à toi, je me suis senti confiant et rassuré dans ce monde que je ne connaissais pas ! J'ai beaucoup apprécié travailler avec toi.

À Myriam Eddaïra, pour ton écoute, tes bons conseils et ton accompagnement.

À Jacques Connort. Merci, cher Jacques, de m'avoir ouvert ta porte, de m'avoir aidé et d'avoir cru en moi.

À Jean-Pierre Stephan et Na Luther, pour votre écoute, votre accueil et votre gentillesse.

À Yannick Le Vaillant, pour ce beau livret ! Tu as merveilleusement réussi à mettre en forme ce que j'avais en tête. Merci pour ta patience, ton écoute et ta gentillesse.

À Thierry Lamouche, pour m'avoir prêté généreusement votre Marianne.

À Agnès Saillard, pour ton énorme travail de relecture.

À Catherine Guillet, Jean-Patrice Bernard, Simone Bollé, Cécile Abdesselam, Julie Lamperesse et Daniel Bouillet. Un immense merci, à tous, pour votre confiance, votre soutien et votre grande générosité.

À Yves Tartarat-Chapitre. Merci pour votre confiance et votre soutien.

À Daniel Njo Lobé, Marc-Antoine Perrio, Raphaël Maillet, François Malandrin et Blaise Chevallier. Merci à vous tous pour votre belle musicalité !

Merci à Jacques Brel, Napoléon, Mozart, Schumann, Brahms et Debussy de tant m'inspirer chaque jour !

Merci aux artistes qui m'ont fait confiance et qui portent, tous ensemble, *Jours de gloire* : Abd Al Malik, Akhenaton, François Berléand, Jane Birkin, Michel Bouquet, Louis Chedid, Jacques Frantz, -M-, Grand Corps Malade, Camélia Jordana, Reda Kateb, Sophie Marceau, François Morel, Sabrina Ouazani, Denis Podalydès,

Oxmo Puccino, Muriel Robin et Karin Viard.

Une pensée particulière pour Michel Aumont qui nous a quittés.

J'ai été très heureux et fier d'avoir travaillé avec vous autour de ce projet qui me tient tant à cœur.

Merci, enfin, à vous, qui en lisant et écoutant ce livre, récompensez le fruit d'un travail de cinq longues mais belles années. Merci infiniment.

COMPOSITION ET MISE EN PAGES
NORD COMPO À VILLENEUVE-D'ASCQ
ACHEVÉ D'IMPRIMER EN DÉCEMBRE 2020
PAR NORMANDIE ROTO IMPRESSION S.A.S. À LONRAI
POUR LE COMPTE DES ÉDITIONS ACTES SUD,
LE MÉJAN, PLACE NINA-BERBEROVA
13200 ARLES

—

L'enregistrement a eu lieu aux Studios Question de Son
et Davout, à Paris.
Mixé par Frédéric Vectol aux studios Question de Son, Paris.
Masterisé par Mickaël Rangeard@QDS Mastering, Paris.

[PIAS]

DÉPÔT LÉGAL
1re ÉDITION : décembre 2020
N° impr. : 2004411
(Imprimé en France)